RÉPUBLIQUE FRANÇAISE

MINISTÈRE DE LA GUERRE

INSTRUCTION

POUR L'APPLICATION DU

DÉCRET DU 12 NOVEMBRE 1914

RELATIF A LA

NOMINATION A TITRE TEMPORAIRE

PENDANT LA DURÉE DE LA GUERRE

AU

GRADE DE SOUS-LIEUTENANT

OU ASSIMILÉ

15 Septembre 1917

PARIS

IMPRIMERIE-LIBRAIRIE MILITAIRE UNIVERSELLE
L. FOURNIER

264, Boulevard Saint-Germain, 264
(En face le Ministère de la Guerre)

1917

RÉPUBLIQUE FRANÇAISE

MINISTÈRE DE LA GUERRE

État-Major de l'Armée ; Bureau de l'Organisation
et de la Mobilisation de l'Armée.

*Instruction pour l'application du décret du 12 novembre 1914
relatif à la nomination à titre temporaire, pendant la durée
de la guerre, au grade de sous-lieutenant ou assimilé, et
de l'article 6 de la loi du 10 août 1917, fixant les affectations aux unités combattantes des mobilisés, officiers et
soldats appartenant à l'armée active et à la réserve de
l'armée active.*

Paris, le 15 septembre 1917.

DISPOSITIONS GÉNÉRALES

Art. 1er. Le décret du 12 novembre 1914 n'apporte aucune
modification aux dispositions relatives aux nominations de
sous-lieutenants à titre temporaire aux armées, nominations
prononcées par le général commandant en chef sous réserve
de la ratification du Ministre. Ces nominations sont faites par
application du décret du 2 janvier 1915.

Art. 2. Les nominations à titre temporaire prévues par
l'article 1er du décret du 12 novembre 1914 sont prononcées
par le Ministre ; elles ne sont faites, en principe, que pour
la durée de la guerre (1).

---

(1) La formation et le recrutement des pelotons d'élèves aspirants
font l'objet de dispositions spéciales. Les élèves aspirants ne de-
viennent pas, en principe, sous-lieutenants avant leur départ au
front et le décret du 12 novembre 1914 ne leur est pas applicable. Ils
peuvent être nommés, dans la zone de l'intérieur, aspirants à titre
temporaire, par application du décret du 3 décembre 1914 ; leur nomination au grade de sous-lieutenant à titre temporaire a lieu, le
cas échéant, aux armées, par application du décret du 2 janvier 1915.

Ne pourront être proposés, quel que soit l'arme ou le service, que les hommes de troupe ou hommes dégagés de toute obligation militaire qui présenteront toutes les qualités à exiger d'un officier sous le rapport de l'honorabilité et de l'esprit de discipline. En conséquence, ne pourront en aucun cas être proposés :

Les hommes ayant antérieurement subi une condamnation à une peine afflictive ou infamante ;

Les hommes ayant antérieurement subi une condamnation à une peine correctionnelle d'emprisonnement, si la nature du délit et la gravité de la peine paraissent de nature à faire écarter rigoureusement la proposition ;

Les anciens officiers ministériels destitués par jugement ou révoqués par mesure disciplinaire ;

Les anciens commerçants faillis ;

Les anciens fonctionnaires ou agents civils révoqués par mesure disciplinaire ;

Les anciens officiers de l'armée active ou de complément destitués par jugement ou réformés par mesure disciplinaire ;

Les anciens sous-officiers, caporaux ou brigadiers de l'armée active ou des réserves rétrogradés au cassés ;

Les anciens sous-officiers commissionnés, révoqués ou mis à la retraite d'office par mesure disciplinaire.

Tous les candidats au grade de sous-lieutenant ou assimilé à titre temporaire, devront posséder une instruction générale suffisante. Cette instruction générale sera constatée soit par la production des diplômes, certificats, titres universitaires visés dans les articles suivants, soit par une épreuve écrite comprenant uniformément une composition française qui portera sur les connaissances générales, une composition d'histoire et de géographie, une composition d'arithmétique. Les sujets des compositions seront donnés par le Ministre ; deux heures seront accordées aux candidats pour chacune d'elles. Pour certaines armes, l'examen d'instruction générale sera complété par des épreuves spéciales ainsi qu'il est dit dans les articles suivants.

Art. 3. Les officiers ou assimilés, nommés à titre temporaire, par application du décret du 12 novembre 1914, prendront rang du jour de la décision ministérielle qui les a nommés. Toutefois, les officiers d'administration visés à l'article 2 du décret, jouiront de la solde et du droit au commandement correspondant à leur ancienneté dans le grade d'officier d'administration, par application des dispositions de l'article 2 de la loi du 21 décembre 1916, sous réserve des dispositions prévues aux articles 43 et 57 de la loi du 13 mars 1875, modifiées par la loi du 24 avril 1916.

Les nominations d'officiers ou assimilés faites par application de l'article 1er du décret du 12 novembre 1914, qui n'auront pas été suivies de nominations à titre définitif, seront, à l'issue de la guerre, obligatoirement soumises à revision, ainsi qu'il est prévu pour celles effectuées en vertu du décret du 2 janvier 1915, à moins qu'elles n'aient été faites que pour la durée de la guerre, ainsi qu'il est dit au paragraphe 1er de l'article 2 de la présente instruction : en ce cas, elles cesseraient d'avoir effet par le seul fait de la cessation des hostilités.

Le retrait de ces nominations, au cours des hostilités, peut être prononcé par le Ministre dans les mêmes conditions et sous les mêmes formes que celles fixées, par l'article 5 du décret du 2 janvier 1915, pour les nominations temporaires effectuées aux armées par le général commandant en chef.

Infanterie.

Art. 4. Les éléments auxquels l'infanterie peut faire appel dans la zone de l'intérieur se répartissent en trois catégories principales : les sous-officiers pourvus du certificat d'aptitude à l'emploi de chef de section ; les militaires de tous grades présentant des titres exceptionnels, ainsi qu'il est dit à l'article 6 ci-après ; les officiers provenant d'autres armes ou de la marine.

Art. 5. A des dates qui seront réglées suivant les besoins, les commandants de région, sur l'invitation du Ministre, adresseront des propositions pour sous-lieutenant de réserve ou de l'armée territoriale en faveur de sous-officiers de la réserve ou de la territoriale pourvus du certificat d'aptitude à l'emploi de chef de section.

Chaque fois qu'une demande de proposition de cette nature sera adressée aux commandants de région, le Ministre (Direction de l'Infanterie) fixera les conditions d'ancienneté et les limites d'âge dans lesquelles devront être choisis les sous-officiers proposés et, éventuellement, le nombre des propositions à formuler.

Art. 6. A toute époque de l'année, les commandants de région pourront établir et transmettre au Ministre des propositions pour le grade de sous-lieutenant de réserve ou de territoriale à titre temporaire en faveur d'hommes de troupe des réserves de tous grades, présentant des titres tout à fait exceptionnels et en mesure de rendre des services important soit aux armées, soit à l'intérieur.

Chacune de ces propositions exceptionnelles sera accompagnée d'un rapport très détaillé, exposant les titres du candidat, sa valeur intellectuelle et morale, l'emploi qui peut lui être confié.

Le Ministre statuera sur chaque proposition qui lui sera soumise.

Les propositions visées au présent article et à l'article précédent pourront porter sur des auxiliaires, des mobilisés évadés des pays ennemis ou rapatriés, ou des engagés spéciaux (exemptés, réformés, hommes dégagés par leur âge de toute obligation militaire), si ces militaires présentent les conditions d'aptitude physique requises pour assurer un service à l'intérieur.

Art. 7. La circulaire n° 790-C/1 du 7 novembre 1914 a déterminé les conditions dans lesquelles les capitaines au long cours (enseigne de vaisseau au titre auxiliaire) pouvaient être admis à titre temporaire comme lieutenants dans l'infanterie.

Avant de rejoindre leur corps sur le front, ces officiers sont astreints à accomplir un stage de quatre semaines dans un centre d'instruction.

La même règle s'appliquera à tous les officiers de marine de réserve mis à la disposition de la guerre pour servir dans les corps d'infanterie. Ils ne seront admis que sur décision du Ministre, après examen de la situation de chacun d'eux.

Les commandants de région transmettront également au Ministre, au fur et à mesure de leur établissement, les demandes faites par des officiers d'administration de l'armée active ou de complément en vue de passer dans l'infanterie pour la durée de la guerre. Ces demandes, revêtues des avis des chefs de services intéressés, seront adressées à la Direction dont relève le candidat et transmises, le cas échéant, par les soins de cette Direction, à la Direction de l'infanterie.

Cavalerie.

Art. 8. A raison des ressources en cadres de l'arme de la cavalerie, aucune nomination de sous-lieutenant à titre temporaire ne sera faite, en principe, par application du décret du 12 novembre.

Si la situation venait à se modifier, et si le besoin s'en faisait sentir, les propositions nécessaires seraient demandées aux commandants de région.

Service Vétérinaire.

Art. 9. Peuvent être nommés vétérinaires aides-majors de 2ᵉ classe, à titre temporaire, pour la durée de la guerre, sur leur demande, les vétérinaires auxiliaires titulaires du diplôme délivré par l'une des écoles nationales vétérinaires d'Alfort, Lyon et Toulouse, appartenant à l'armée active, à la réserve de l'armée active, à l'armée territoriale ou à sa réserve, ayant servi aux armées pendant six mois au moins, ainsi que les vétérinaires dégagés de toute obligation militaire, diplômés par l'une des écoles précitées.

Les demandes de nomination devront être adressées au Ministre (2ᵉ Direction), le 15 de chaque mois, par la voie hiérarchique pour les candidats militaires, par les généraux commandant les subdivisions de région et les régions pour les candidats civils, accompagnées des pièces suivantes :

1° État signalétique et des services ;

2° Extrait du casier judiciaire ayant moins de trois mois de date ;

3° Certificat de visite médicale ;

4° Copie légalisée du diplôme de vétérinaire, ou certificat de diplôme délivré par l'école ;

5° Rapport du chef de service et du chef de corps sur les aptitudes professionnelles du candidat.

Gendarmerie.

Art. 10. Si les besoins du service l'exigent, pourront être nommés à titre temporaire et pour la durée de la guerre, au grade de sous-lieutenant dans la gendarmerie territoriale, les magistrats et les avocats inscrits depuis dix ans au moins au tableau de leur ordre appartenant aux catégories suivantes :

1° Mobilisés dans le service armé comme hommes de troupe ou employés militaires de tous grades de l'armée territoriale ou de sa réserve ;

2° Militaires ou hommes dégagés d'obligations militaires se trouvant dans l'une des situations prévues par l'article 6 de la loi du 10 août 1917.

Là préférence sera réservée aux sous-officiers ; c'est seulement à défaut de ceux-ci que les caporaux, brigadiers et soldats seront nommés. Les candidats seront pris en principe dans la zone de l'intérieur. Lorsqu'il y aura lieu de procéder à des nominations, des propositions seront demandées à cet effet par le Ministre et aucun dossier ne devra être transmis en dehors de l'époque qui sera alors fixée.

La demande de chaque candidat devra être accompagnée des pièces suivantes :

Etat des services militaires ;

Attestation délivrée par le parquet général dont dépend l'intéressé et établissant sa situation actuelle soit comme magistrat, soit comme avocat ;

Certificat médical constatant l'aptitude physique au service de la gendarmerie.

Avant d'être transmis au Ministre (2e Direction ; 3e Bureau), les dossiers de candidature seront adressés à chaque commandant de région qui les communiquera au chef de la légion de gendarmerie, en l'invitant à convoquer les candidats, à les examiner et à formuler dans un rapport sommaire, son appréciation sur l'aptitude présumée de chacun d'eux à l'emploi de commandant d'arrondissement ou de section de gendarmerie.

Ceux qui auront été agréés par le Ministre seront nommés tout d'abord aspirants de gendarmerie, s'ils ont le grade de sous-officiers, et élèves aspirants, s'ils sont seulement brigadiers, caporaux ou simples soldats. Les uns et les autres seront dirigés sur la garde républicaine, où ils accompliront un stage qui leur permettra d'acquérir l'instruction professionnelle nécessaire et de s'initier aux fonctions de commandant d'arrondissement ou de section de gendarmerie. Ce stage sera d'un mois pour les aspirants et de deux mois pour les élèves aspirants.

A l'issue du stage, dont les résultats seront consignés dans des rapports individuels établis par le colonel de la garde républicaine, les aspirants jugés aptes seront nommés au commandement d'un arrondissement ou d'une section de gendarmerie. Quant aux élèves aspirants, ils seront, le stage terminé, nommés d'abord aspirants et mis à la disposition d'un chef de légion, pour être promus ensuite sous-lieutenants à titre temporaire, au fur et à mesure des besoins.

Artillerie.

Art. 11. Les éléments auxquels l'artillerie et le train des équipages peuvent faire appel dans la zone de l'intérieur comprennent :

a) Les sous-officiers pourvus du certificat d'aptitude à l'emploi de chef de section ;

b) A condition qu'ils présentent des titres exceptionnels ainsi qu'il est prévu à l'article 13 ci-après : les militaires de tous grades y compris les mobilisés évadés des pays ennemis ou rapatriés, les auxiliaires, les exemptés, les réformés, les hommes dégagés par leur âge d'obligations militaires, les engagés spéciaux, les hommes de troupe de la R. A. T.;

c) Les officiers d'administration, officiers en retraite et officiers de réserve des divers corps de la marine ;

d) Les anciens élèves de l'Ecole polytechnique réformés ou classés dans le service auxiliaire, qui ont satisfait aux examens de sortie et ont été déclarés ultérieurement aptes au service armé.

e) En ce qui concerne les officiers d'administration du service de l'artillerie, les sous-officiers d'artillerie et du train des équipages déclarés admissibles à la suite du concours de 1914 pour l'admission à l'Ecole d'administration de Vincennes, au titre des sections A et B.

Art. 12. — A des dates déterminées, d'après les besoins des armées et de l'intérieur, le Ministre invitera les commandants de région à adresser les propositions pour sous-lieutenant de réserve ou de territoriale portant sur la catégorie *a*) visée à l'article 11.

Art. 13. A toute époque, le Ministre de l'armement et des fabrications de guerre, les généraux commandant en chef, les commandants de région, pourront établir et transmettre au Ministre de la guerre des propositions pour sous-lieutenant de réserve et de territoriale à titre temporaire, en faveur des hommes appartenant aux catégories énumérées au paragraphe *b*) de l'article 11, présentant des titres tout à fait exceptionnels et en mesure de rendre des services aux armées ou à l'intérieur.

Ces propositions viseront surtout des emplois des services techniques (établissements constructeurs, service automobile, etc., etc.), mais également les emplois à pourvoir par suite de vacance provenant de l'application de la loi du 10 août 1917.

Chacune de ces propositions exceptionnelles sera accompagnée d'un rapport très détaillé, exposant les titres du candidat, sa valeur intellectuelle ou morale, l'emploi spécial pour lequel il est proposé.

Les auxiliaires, exemptés, hommes dégagés par leur âge d'obligations militaires, les engagés spéciaux, les hommes de troupe de la R. A. T. ne pourront être proposés qu'après avoir satisfait à un stage de deux mois comme homme de troupe dans le corps ou le service pour lequel ils sont proposés.

A l'issue de ce stage, le chef de corps ou chef de service délivrera un certificat constatant leur aptitude professionnelle à l'emploi qu'ils demandent ; cette pièce sera accompagnée d'un certificat de visite et de contre-visite établissant l'aptitude physique du candidat. Ces certificats seront joints à la proposition.

Les nominations faites par application du présent article seront annulées le jour où les titulaires du grade de sous-lieutenant à titre temporaire n'occuperaient plus l'emploi pour lequel ils ont été nommés ou un emploi de même nature.

Art. 14. Les demandes formulées par les officiers d'administration de l'armée active ou de complément en vue de passer à titre temporaire dans l'artillerie, revêtues des avis des chefs hiérarchiques, seront adressées au fur et à mesure à la Direction dont relève le candidat qui les transmettra, le cas échéant, à la Direction de l'artillerie.

Les demandes d'affectation au service des batteries ne pourront être présentées que par des officiers d'administration de 2° ou de 3° classe.

Les officiers d'administration principaux et de 1re classe pourront demander à être pourvus d'un emploi de leur grade soit dans le service des unités de ravitaillement, soit dans les dépôts des corps de troupe.

Art. 15. En ce qui concerne l'admission des officiers en retraite et des officiers de réserve des divers corps de la marine, un examen individuel de la situation de chacun d'eux sera fait pour chaque demande présentée, ainsi qu'il est procédé actuellement pour les anciens officiers de complément qui demandent à être réintégrés.

Génie.

Art. 16. Les hommes de troupe de tous grades du génie de la réserve ou de l'armée territoriale qui feront preuve de connaissances générales suffisantes sont autorisés à subir l'examen prévu pour l'obtention du certificat d'aptitude à l'emploi de chef de section.

Les connaissances générales dont il s'agit seront constatées soit par le diplôme de licencié ès-sciences, soit par le diplôme supérieur délivré aux élèves externes de l'Ecole des Ponts et

Chaussées, l'Ecole Nationale Supérieure des Mines, l'Ecole du Génie Maritime, l'Ecole Centrale, l'Ecole Supérieure d'Electricité, soit enfin par un examen comprenant les compositions visées au dernier paragraphe de l'article 2 de la présente instruction et une composition scientifique, dont le résultat sera traduit par une note d'instruction générale.

Parmi les hommes de troupe ainsi sélectionnés, ne seront d'ailleurs admis à l'examen militaire pour l'obtention du certificat d'aptitude à l'emploi de chef de section que ceux proposés régulièrement par leur chef de corps comme s'étant fait remarquer par leur discipline et leurs qualités militaires.

Le dossier de ces candidats sera ensuite immédiatement constitué par les chefs de corps.

Les propositions faites en leur faveur seront transmises au Ministre (Direction du Génie) et accompagnées :

1° De l'état signalétique et des services ;

2° De l'énumération des titres constatant leurs connaissances générales ou de la mention du résultat de l'examen visé plus haut ;

3° Du certificat d'aptitude à l'emploi de chef de section ;

4° D'une feuille de notes de leurs chefs hiérarchiques.

Ces candidats pourront être nommés par le Ministre sous-lieutenants de réserve ou de territoriale, à titre temporaire, dans la limite des besoins constatés.

En outre, pourront être nommés directement sous-lieutenants de réserve ou de territoriale, à titre temporaire, les anciens élèves de l'Ecole polytechnique, réformés ou classés dans le service auxiliaire, qui ont satisfait aux concours de sortie et ont été déclarés ultérieurement aptes au service armé.

Art. 17. Les hommes dégagés de toute obligation militaire pourront être nommés sous-lieutenants du génie, à titre temporaire, dans la réserve ou la territoriale, dans les conditions suivantes :

Tout homme ayant satisfait à la loi de recrutement et pouvant faire preuve d'aptitudes spéciales, utilisables dans la campagne actuelle, ou de connaissances générales approfondies, pourra contracter, devant un commandant de bureau de recrutement, un engagement conditionnel spécial pour la durée de la guerre, en vue d'accéder au grade de sous-lieutenant du génie.

A cet effet, les commandants de région sont autorisés à délivrer, sur la demande qui leur en aura été adressée, une autorisation de contracter ledit engagement aux anciens élèves des grandes écoles (Ecole Centrale, Ecole Nationale des Ponts et Chaussées, Ecole Nationale Supérieure des Mines, Ecole du Génie Maritime), aux licenciés ès-sciences et à tous ceux que leur situation industrielle ou commerciale, ou leurs fonctions civiles, mettent à même de rendre des services immédiatement utilisables dans la campagne actuelle.

Ces engagés conditionnels seront affectés à un dépôt désigné de l'arme du génie (dépôt du 6e régiment ou dépôts des 5e et 8e régiments pour les spécialités chemins de fer et télégraphie).

Ils y accompliront un stage d'une durée maximum de deux mois comme hommes de troupe.

Ils seront spécialement instruits pendant ce stage, en dehors de tout peloton d'instruction, par les soins du commandant de dépôt, qui constituera le plus tôt possible, en leur faveur, un dossier de proposition à transmettre au Ministre (Direction du Génie), qui statuera sur leur nomination. Ce dossier fera ressortir l'emploi qui pourra être donné à l'intéressé. Il devra parvenir au Ministre dans le délai maximum de deux mois visé ci-dessus.

Les engagés qui seront nommés sous-lieutenants seront employés avec ce grade pendant la durée de la guerre.

Ceux qui ne pourront être nommés seront déliés immédiatement de tout engagement par la décision prise par le Ministre sur les propositions faites en leur faveur.

Le nombre des nominations faites par application du présent article sera limité strictement à celui des emplois qu'il est possible d'attribuer aux intéressés.

Art. 18. Les officiers d'administration de l'armée active, de la réserve ou de l'armée territoriale, pourront être admis, sur leur demande, dans l'arme du génie, avec le grade dont ils ont l'assimilation, s'ils ont servi dans le génie en qualité de sous-officier et sur la présentation exclusive de leurs chefs de service actuels.

Les dossiers seront transmis au Ministre et feront ressortir :

a) Les capacités militaires de l'intéressé au point de vue du service dans la troupe ;

b) Les emplois qui peuvent lui être donnés, compte tenu de sa spécialité ;

c) L'avis de ses chefs de service au point de vue de la suppression de son emploi ou de son remplacement éventuel dans cet emploi.

Les officiers d'administration de 2ᵉ et 3ᵉ classes qui n'ont pas perdu depuis trop longtemps le contact de la troupe pourront être admis immédiatement dans les cadres. Les officiers d'administration de 1ʳᵉ classe et les officiers d'administration principaux, dont les demandes, d'ailleurs, ne seront acceptées qu'à titre exceptionnel, seront tenus d'accomplir dans un dépôt un stage préliminaire d'un mois.

A la fin du stage susvisé, ils seront notés par le commandant du dépôt, le général commandant le groupe des dépôts et, s'il y a lieu, par le général inspecteur des dépôts du génie.

Les officiers d'administration de 1ʳᵉ classe qui seront acceptés seront plus spécialement employés comme trésoriers et capitaines chargés du matériel.

Art. 19. Pourront être nommés, à titre temporaire, au grade d'officier d'administration de 3ᵉ classe de réserve ou de territoriale du génie :

1° Les conducteurs et sous-ingénieurs des ponts et chaussées, qu'ils aient ou non servi dans l'armée active, réunissant les conditions d'aptitude physique pour le service armé et appartenant aux classes antérieures à la classe 1903 ;

2° Après un stage de quinze jours, accompli sur l'autorisation du Ministre, dans une chefferie ou un établissement du génie, les hommes de troupe de tout grade de l'armée territoriale, ou ceux dégagés de toute obligation militaire, réunissant les conditions d'aptitude physique pour le service armé, exerçant une profession susceptible d'être utilisée dans le service du génie et dont l'aptitude professionnelle aura été reconnue.

Les demandes des conducteurs des ponts et chaussées visées à l'alinéa 1er seront instruites dans les formes définies par l'instruction relative aux officiers et assimilés de complément (génie).

Les demandes d'admission au stage visées à l'alinéa 2°, provenant des candidats de la zone de l'intérieur, seront adressées, par ceux présents sous les drapeaux, à leur chef de corps ou de service, par les autres au général commandant la région. Ces demandes feront ressortir, d'une manière précise, la situation militaire de l'intéressé et les professions qu'il a exercées.

Elles seront envoyées par les commandants de région aux directeurs du génie de la place chef-lieu de région qui seront chargés de constater l'instruction générale et professionnelle des candidats, soit par la production des diplômes et titres universitaires visés à l'article 16 (2' alinéa), soit par une épreuve écrite qui comportera, outre les compositions visées à l'article 2, une composition scientifique.

Par dérogation aux prescriptions de l'article 2 susvisé, et vu l'échelonnement des propositions à prévoir, les sujets des épreuves seront donnés par les directeurs du génie.

Sur avis du directeur du génie, le commandant de région fera constituer le dossier de la demande d'admission au stage, qui comprendra, outre la demande :

L'extrait de l'acte de naissance (sur papier libre) ;
L'extrait du casier judiciaire n° 2 ;
Un certificat de visite médicale ;
Une feuille de notes des chefs hiérarchiques ;
L'énumération des titres constatant les connaissances générales ou le résultat de l'examen visé ci-dessus ;
Une déclaration écrite aux termes de laquelle le candidat fait connaître qu'il n'est pas déjà en instance de nomination dans une autre arme ou service.

Les candidats de la zone des armées, qui feraient l'objet de propositions, sont dispensés de tout examen préliminaire au stage ; leurs dossiers seront établis dans les mêmes conditions que ci-dessus.

Tous les dossiers dont il s'agit seront envoyés au Ministre (4° Direction).

Les candidats admis au stage reçoivent du Ministre un ordre de convocation. Ils restent pendant la durée du stage dans leur situation antérieure, sous le rapport de la solde et des diverses allocations et prestations.

Ils reçoivent en fin de stage, de leur chef de service, des notes détaillées devant permettre de déterminer les affectations éventuelles à leur donner.

Les nominations à faire en vertu de l'alinéa 2 du présent article ne seront prononcées qu'au fur et à mesure de la constatation des besoins et de la possibilité de confier des emplois aux intéressés.

Art. 20. Les militaires du service auxiliaire, les exemptés, les réformés et les engagés spéciaux pourront également être nommés, sur leur demande, sous-lieutenants ou officiers d'administration du génie de 3ᵉ classe à titre temporaire (active, réserve ou territoriale), s'ils remplissent les conditions d'aptitude professionnelle prévues aux articles 16, 17 et 19 qui précèdent.

Les demandes des militaires du service auxiliaire devront être accompagnées d'un procès-verbal de la commission de réforme devant laquelle ils auront été présentés ; ce procès-verbal devra faire ressortir leur degré d'aptitude à faire campagne ; celles des exemptés et réformés, d'un certificat de visite et de contre-visite médicales établissant l'état de santé des intéressés.

Les nominations ainsi prononcées auront toujours un caractère essentiellement temporaire, leur effet cessera dès que l'intéressé ne présentera plus les aptitudes suffisantes pour remplir l'emploi en vue duquel il a été nommé. D'autre part, elles ne pourront en aucun cas dépasser 25 p. 100 de l'effectif des officiers ou assimilés du même grade à titre temporaire dans la branche du service à laquelle ils seront affectés.

Tout auxiliaire, tout exempté ou réformé, ou engagé spécial, qui sera nommé sous-lieutenant ou officier d'administration de 3ᵉ classe perdra, du fait de son acceptation, son statut ou le bénéfice de sa réforme ou de son exemption, ou de son engagement spécial, au point de vue de ses obligations militaires.

Tout candidat devra spécifier dans sa demande qu'il consent à l'application de ces dernières dispositions.

Service de l'intendance

Art. 21. Après un stage de deux mois accompli dans une sous-intendance ou un établissement de l'intendance dirigé par un fonctionnaire du cadre actif, pourront être nommés, à titre temporaire, au grade d'attaché de 2e classe ou d'officier d'administration de 3° classe du cadre auxiliaire de l'intendance :

1° Les hommes appartenant aux classes dégagées de toute obligation militaire, qu'ils soient dans leurs foyers ou qu'ils se trouvent sous les drapeaux comme hommes de troupe, en qualité d'engagés volontaires ou d'engagés spéciaux ;

2° Les R. A. T. de tous grades du service armé, de toutes armes et de tous services, y compris les engagés volontaires appartenant par leur âge à ces mêmes classes ;

3° Les engagés spéciaux appartenant par leur âge aux mêmes classes que celles visées au paragraphe précédent ;

4° Les A. T. du service armé des sections de C. O. A. reconnus par une commission de réforme inaptes à faire campagne dans une arme quelconque ;

5° Les hommes des réserves de tous grades versés dans le service auxiliaire à la suite de blessures de guerre ou de maladies contractées aux armées.

Art. 22. Les candidats au grade d'attaché doivent justifier de connaissances générales étendues, les candidats au grade d'officier d'administration doivent obligatoirement exercer ou avoir exercé dans la vie civile une profession en rapport étroit avec les fonctions afférentes au grade recherché.

Les demandes d'admission au stage revêtues des avis des autorités hiérarchiques sont adressées à l'administration centrale ou au G. Q. G. aux dates fixées respectivement par le Ministre ou le général commandant en chef. Elles font ressortir exactement la situation militaire de l'intéressé, les professions qu'il a exercées et le service auquel il peut être affecté.

Elles sont accompagnées des pièces suivantes :

Etat signalétique et des services (pour les militaires ou anciens militaires seulement) ;

Relevé des punitions (pour les militaires ou anciens militaires seulement) ;

Extrait de l'acte de naissance ;

Extrait du casier judiciaire n° 2 ;

Procès-verbal d'enquête du commandant de la gendarmerie de la résidence ;

Indication des diplômes, brevets, certificats, langues étrangères ;

Certificat de l'autorité civile attestant la profession.

Pour les candidats des 1re et 5e catégories visés à l'article 21 de la présente instruction : un certificat de visite et de contre-visite médicales constatant l'aptitude au service dans les formations de l'intendance ; pour ceux des 4e et 5e catégories : un procès-verbal de la commission de réforme devant laquelle ils auront été présentés. Ce procès-verbal devra faire-ressortir pour les candidats de la 5e catégorie, l'origine exacte de l'inaptitude aux armes combattantes et l'aptitude au service dans les formations de l'intendance.

En ce qui concerne les hommes dont la résidence se trouve située dans les régions envahies, l'extrait de l'acte de naissance pourra être remplacé par un acte de notoriété ; l'extrait du casier judiciaire ainsi que le procès-verbal d'enquête du commandant de gendarmerie, par un extrait des sommiers de la préfecture de police.

Art. 23. Les candidats admis au stage reçoivent du Ministre ou du général commandant en chef un ordre de convocation. Pendant la durée du stage, ils sont soumis à des exercices d'ordre théorique et pratique portant sur les matières énumérées au programme des connaissances exigées des candidats aux grades d'attaché de 2e classe et d'officier d'administration de 3e classe tel qu'il se trouve déterminé par l'instruction du 2 février 1909.

A l'issue du stage, ils reçoivent de leur chef de service des notes détaillées. Ces notes tiennent compte des connaissances acquises au cours de cette épreuve. Toutefois, celles-ci ne doivent constituer qu'un élément d'appréciation, le but du stage étant principalement de permettre de vérifier les aptitudes des candidats aux fonctions qu'ils recherchent.

Les candidats au grade d'attaché sont également notés au point de vue de leur aptitude à l'équitation.

Ces notes sont transmises à l'autorité supérieure qui les fait suivre de sa propre appréciation et d'une déclaration formelle attestant l'aptitude ou l'inaptitude du candidat à l'emploi sollicité et les adresse, suivant le cas, soit au Ministre, soit au général commandant en chef.

Art. 24. Peuvent être dispensés de stage par décision ministérielle :

Les membres du Conseil d'Etat ;

Les membres de la Cour des comptes ;

Les sous-préfets et secrétaires généraux de préfectures ;

Les conseillers de préfectures ;

Les employés supérieurs des diverses administrations centrales ;

Les professeurs départementaux d'agriculture signalés comme susceptibles d'être employés utilement dans le service du ravitaillement.

Ces fonctionnaires n'ont pas à produire les pièces suivantes ;

1° Extrait du casier judiciaire n° 2 ;

2° Procès-verbal d'enquête du commandant de gendarmerie de la résidence ;

3° Certificat de l'autorité civile attestant la profession.

Sur la proposition du sous-intendant, chef de service, et par décision du Sous-Secrétaire d'Etat, la durée du stage peut être réduite à un mois pour les industriels et commerçants qui, dans cette période, ont fait preuve de qualités établissant nettement leur aptitude à l'emploi demandé.

Art. 25. Les nominations sont faites par arrêté ministériel.

Aux armées, les sous-officiers qui se trouvent dans les conditions fixées par la présente instruction peuvent être nommés par le général commandant en chef selon les prescriptions du décret du 2 janvier 1915.

Art. 26. Pourront être nommés, dans les conditions des articles 21 et 22, au grade d'attaché de 2ᵉ classe ou d'officier d'administration de 3° classe du cadre auxiliaire de l'intendance :

1° Les exemptés ou réformés appartenant aux classes de l'A. T. ou de la R. A. T. et non soumis à la visite prescrite par la loi du 20 février 1917 ou maintenus dans leur situation antérieure à la suite de cette visite ;

2° Les hommes du service auxiliaire appartenant aux classes de l'A. T. et de la R. A. T.

Les demandes des hommes de la première des catégories susvisées devront être accompagnées d'un certificat de visite et de contre-visite médicales établissant l'état de santé des intéressés ; celles des hommes de la seconde catégorie, d'un procès-verbal de la commission de réforme devant laquelle ils auront été présentés ; ce procès-verbal devra faire ressortir leur aptitude à faire campagne.

Toutefois, les nominations de l'espèce auront toujours un caractère essentiellement temporaire et elles ne pourront, en aucun cas, dépasser les proportions suivantes :

En ce qui concerne les attachés, 5 p. 100 de l'effectif de ce personnel ;

En ce qui concerne les officiers des subsistances, 5 p. 100 de l'effectif de ce personnel ;

En ce qui concerne les officiers des bureaux, 10 p. 100 de l'effectif de ce personnel ;

En ce qui concerne les officiers de l'habillement, 15 p. 100 de l'effectif de ce personnel.

Tout auxiliaire, tout exempté ou réformé qui sera nommé attaché ou officier d'administration perdra, du fait de son acceptation, son statut ou le bénéfice de sa réforme et de son exemption au point de vue de ses obligations militaires.

Tout candidat devra spécifier dans sa demande qu'il consent à l'application du présent alinéa.

Service de Santé

Art. 27. Peuvent être nommés médecins aides-majors de 2° classe à titre temporaire, pour la durée de la guerre, dans la mesure des vacances :

1° Les docteurs en médecine diplômés d'une faculté de médecine française.

Aucune condition de service accompli dans l'armée active n'est exigée et les nominations peuvent avoir lieu, que l'intéressé, incorporé ou non, soit du service armé ou du service auxiliaire, ou qu'il soit exempté, réformé ou dégagé de toute obligation miiltaire ;

2° Les étudiants pourvus, à la mobilisation, de 16 inscriptions et des quatre premiers examens de doctorat ;

3° Les étudiants pourvus, à la mobilisation, de 16 inscriptions, moins le 4ᵉ examen de doctorat, ou de 15 inscriptions, s'ils ont été nommés internes des hôpitaux après concours dans les villes possédant une faculté ou une école de médecine et s'ils ont accompli une année d'internat ;

4° Les étudiants pourvus, à la mobilisation, de 16 inscriptions, moins le 4ᵉ examen de doctorat, ou de 15 inscriptions s'ils ont été nommés après concours externes des hôpitaux dans les villes possédant une faculté ou une école de médecine, s'ils ont accompli deux années d'externat et s'ils ont servi six mois, comme médecin auxiliaire, dans une formation sanitaire de l'armée ;

5° Les étudiants pourvus, à la mobilisation, de 16 inscriptions, moins le 4ᵉ examen de doctorat, ou de 15 inscriptions, s'ils ont accompli dans les hôpitaux civils deux années de stage régulier et s'ils ont servi un an, comme médecin auxiliaire, dans une formation sanitaire ou dans un poste médical de l'armée ;

6° Les étudiants pourvus, à la mobilisation, de 14, 13, 12 inscriptions, s'ils ont accompli plus d'une année d'internat (l'année d'internat provisoire étant comptée comme une année d'internat) et s'ils ont servi six mois, comme médecin auxiliaire dans une formation sanitaire de l'armée.

7° Les étudiants pourvus, à la mobilisation, de 14, 13, 12 inscriptions, s'ils ont accompli deux années d'externat ou deux années de stage régulier dans les hôpitaux civils, et s'ils ont servi pendant un an dans une formation sanitaire de l'armée ;

8° Les étudiants pourvus, au 18 janvier 1917 (date de la précédente instruction), de 12 inscriptions, trois ou quatre de ces inscriptions ayant été accordées sous certaines conditions, à titre cumulatif, par le ministère de l'instruction publique, ou les étudiants pourvus, avant leur incorporation, de 11 inscriptions ou de 10 inscriptions validées, s'ils ont servi pendant deux ans aux armées, dont une année comme médecin auxiliaire dans un poste médical où une formation sanitaire de la zone de l'avant, et s'ils ont subi avec succès l'examen d'aptitude dont les modalités seront prescrites par une instruction ultérieure.

En cas d'échec, le candidat ne pourrait se présenter à nouveau à cet examen qu'après avoir satisfait à la période d'instruction et de stage qui sera déterminée ultérieurement.

Les étudiants en médecine ne peuvent être nommés qu'à condition d'être reconnus aptes au service armé.

Art. 28. Peuvent être nommés pharmaciens aides-majors de 2ᵉ classe, les pharmaciens de 1ʳᵉ classe ou diplômés du nouveau régime.

Aucune condition de service accompli dans l'armée active n'est exigée et les nominations peuvent avoir lieu que l'intéressé, incorporé ou non, soit du service armé ou du service auxiliaire ou qu'il soit exempté, réformé ou dégagé de toute obligation militaire.

A défaut de candidats pharmaciens de 1ʳᵉ classe, les propositions pourront être faites en faveur de pharmaciens de 2ᵉ classe.

Art. 29. Peuvent être nommés au grade d'officier d'administration de 3ᵉ classe de complément du service de santé, à titre temporaire :

1° Les hommes de troupe de toutes classes et de tous grades du service auxiliaire et les exemptés, réformés ou dégagés par l'âge de toute obligation militaire ;

2° Les hommes de troupe évadés ou rapatriés de toutes classes, même s'ils appartiennent au service armé ;

3° Les sous-officiers inaptes à faire campagne par suite de blessure ou de maladie contractée au service ;

4° Les hommes de troupe de tous grades du service armé de la réserve de l'armée territoriale.

En dehors des sous-officiers, ne pourront postuler le grade que les candidats ayant rempli, pendant au moins six mois, à l'entière satisfaction de leurs chefs, les fonctions de ges tionnaire dans les hôpitaux militaires et complémentaires, les fonctionnaires nommés au concours ou à la suite d'un examen probatoire, les licenciés en droit, ceux qui, comme chefs d'industrie, notaires ou anciens élèves d'écoles supérieures de commerce, ont des titres ou des aptitudes professionnelles en rapport étroit avec les fonctions afférentes au grade recherché.

Les candidats dont les demandes auront été retenues sont astreints à un stage de deux mois dans une formation du service de santé. Pendant la durée du stage, ils sont soumis à des exercices d'ordre théorique et pratique portant sur les matières énumérées au programmes des connaissances exigées des candidats au grade d'officier d'administration de 3ᵉ classe de complément du service de santé (instruction du 2 février 1909, *B. O.*, vol. 72, p. 200).

Ce stage a sa sanction dans un examen, passé à la direction du service de santé de l'armée, aux armées, et de la région, à l'intérieur, devant une commission composée de trois membres comprenant un des médecins adjoints au directeur, président, et deux officiers d'administration, dont un gestionnaire.

Cet examen se composera :

1° D'une épreuve écrite d'une durée de trois heures, exposé didactique d'une question tirée du programme ci-dessus rappelé et dont le sujet en sera demandé au sous-secrétariat d'Etat du service de santé ;

2° D'une épreuve orale : interrogation sur les mêmes matières.

Ces épreuves seront cotées de 0 à 20.

Une note d'aptitude générale allant également de 0 à 20 résumera les services antérieurs.

Pour être admis au stage, les candidats dégagés d'obligations militaires pour diverses causes, devront préalablement contracter un engagement spécial avec faculté de résiliation par l'Etat ou l'intéressé.

Seront dispensés du stage, les candidats pourvus de certificats constatant qu'ils ont rempli pendant six mois au moins les fonctions de gestionnaire dans un hôpital militaire ou complémentaire.

Art. 30. Les demandes des candidats visés aux articles 27, 28 et 29, doivent faire ressortir exactement la situation militaire et professionnelle de l'intéressé. Elles seront accompagnées des pièces suivantes :

Etat signalétique et des services (pour les militaires ou anciens militaires seulement) ;

Relevé des punitions (pour les militaires, ou anciens militaires seulement) ;

Certificat de visite et de contre-visite médicales constatant l'aptitude au service dans les formations du service de santé, même de la zone des armées ;

Extrait de naissance ;

Extrait du casier judiciaire n° 2 (à demander par l'autorité militaire) ;

Diplômes, brevets, certificats de l'autorité civile justificatifs des déclarations des intéressés.

Tout auxiliaire, tout engagé spécial, tout exempté ou réformé, perdra, du fait de sa nomination, son statut ou le bénéfice de sa réforme ou de son exemption.

Tout candidat devra spécifier, dans sa demande, qu'il consent à l'application du précédent alinéa et se déclarer prêt à rejoindre toute destination qui lui sera donnée, même aux armées.

Service de la justice militaire

Art. 31. Pourront être nommés au grade de sous-lieutenant à titre temporaire, pour être affectés au service de la justice militaire, les hommes de troupe et employés militaires de tous grades appartenant à l'armée territoriale ou à la réserve de l'armée territoriale, les auxiliaires, les mobilisés évadés des pays ennemis ou rapatriés, les engagés spéciaux (exemptés, réformés ou hommes dégagés de toute obligation militaire), sous la réserve que les uns et les autres posséderont le diplôme de licencié en droit.

Aux mêmes conditions, les officiers d'administration de l'armée territoriale de tous les services, susceptibles d'exercer les fonctions de substitut ou de commissaire-rapporteur pourront être admis dans un corps de troupe de leur arme d'origine avec le grade dont ils ont l'assimilation.

Les militaires promus seront versés dans leur arme d'origine, et les hommes des sections affectés à l'infanterie.

Art. 32. Les adjudants commis greffiers du cadre actif des tribunaux militaires comptant cinq ans dans leur emploi, dont une année aux armées, et qui auront été régulièrement proposés au Ministre par leurs chefs hiérarchiques, pourront être nommés au grade d'officier d'administration de 3ᵉ classe à titre temporaire.

Pourront également être nommés à titre temporaire dans les cadres de l'armée territoriale au grade d'officier d'administration de 3ᵉ classe du service de la justice militaire, les sous-officiers de l'armée territoriale du service armé ou auxiliaire, ainsi que les engagés spéciaux pourvus du même grade et appartenant par leur âge à l'armée territoriale, employés comme commis greffiers chefs de service dans les conseils de guerre aux armées, qui auront été proposés par leurs chefs hiérarchiques comme présentant des titres tout à fait exceptionnels. Chacune de ces propositions sera accompagnée d'un rapport très détaillé exposant les titres du candidat, sa valeur intellectuelle et morale, l'emploi qui peut lui être confié.

Art. 33. Les anciens sous-officiers comptables des établissements pénitentiaires militaires et les sous-officiers de l'armée territoriale du service armé ou auxiliaire ainsi que les engagés spéciaux pourvus du même grade et appartenant par leur âge à l'armée territoriale, attachés comme comptables aux services des prisonniers de guerre depuis au moins trois mois et signalés, en raison de leurs aptitudes, par leur chef de service, pourront être nommés, à titre temporaire, au grade d'officier d'administration de 3ᵉ classe de l'armée territoriale pour être affectés aux services des prisonniers de guerre ou à des établissements pénitentiaires militaires.

Troupes coloniales

Art. 34. Les sous-officiers d'infanterie coloniale et des sections annexes appartenant à l'armée active peuvent, sans condition d'ancienneté de grade et de services, être proposés pour être nommés sous-lieutenants à titre temporaire dans l'armée active. Ces propositions sont faites dans la forme indiquée à l'article 14 de l'instruction du 2 mai 1914 sur l'établissement des tableaux d'avancement et de concours. Elles sont établies, jusqu'à nouvel ordre, le 1er de chaque mois. Tous les candidats, sans exception, doivent être aptes à faire campagne et munis du certificat d'aptitude à l'emploi de chef de section.

A la suite de propositions présentées dans les conditions que fixera le Ministre, et après avoir suivi des cours spéciaux d'instruction, à l'issue desquels ils auront satisfait aux examens de sortie, pourront également être, sans condition d'ancienneté de services, nommés aspirants. puis, s'il y a lieu, sous-lieutenants à titre temporaire dans l'armée active, les militaires de tout grade de l'infanterie coloniale appartenant à l'armée active.

Art. 35. Pourront être proposés, sans condition d'âge et de services, pour être nommés sous-lieutenants de réserve ou de territoriale, à titre temporaire, sous réserve d'avoir obtenu le certificat d'aptitude à l'emploi de chef de section et d'être aptes à faire campagne, les militaires des différentes catégories de réserve indiqués ci-dessous :

1° Les anciens sous-officiers de l'armée active ;

2° Les sous-officiers de réserve ou de territoriale ;

3° Les fonctionnaires coloniaux ;

4° Les hommes de troupe, gradés ou non, visés à l'art 6 de la présente instruction.

Ces propositions sont établies dans les formes prescrites à l'article précédent (1er alinéa) pour les militaires de l'active.

Les dispositions des deux articles précédents sont applicables aux stagiaires officiers d'administration et hommes de troupe de l'artillerie coloniale.

Art. 36. Les officiers d'administration des services de l'intendance, de santé et d'artillerie des troupes coloniales, présents en Europe, pourront être admis sur leur demande à servir avec le grade dont ils ont l'assimilation dans l'arme à laquelle ils appartenaient comme hommes de troupe. Les demandes seront transmises au Ministre (8e Direction ; 3e Bureau).

Les candidats agréés seront tenus d'accomplir dans un dépôt d'infanterie ou d'artillerie coloniale un stage préliminaire d'un mois, à la suite duquel ils seront notés par le commandant du dépôt et le général commandant supérieur des dépôts.

Ceux qui seront acceptés pourront être envoyés aussitôt dans une formation combattante aux armées ; ils seront placés hors cadres dans leur service d'origine.

Services d'Etat-major et du Recrutement.

Art. 37. Pourront seuls être proposés pour officier d'administration de 3e classe de l'armée active les candidats réunissant les conditions prévues par le décret du 27 février 1914, c'est-à-dire les adjudants-chefs ou adjudants des sections de secrétaires d'état-major et du recrutement appartenant à l'armée active et ayant au moins dix ans de service militaires effectifs.

Art. 38. Les propositions pour officier d'administration de 3e classe de la réserve ou de l'armée territoriale pourront porter sur les sous-officiers de la réserve ou de l'armée territoriale (service armé ou service auxiliaire) appartenant aux sections de secrétaires d'état-major et du recrutement, depuis trois mois au moins, ainsi que sur ceux des corps de troupe ayant accompli leur service actif dans lesdites sections.

Elles pourront aussi porter sur d'anciens sous-officiers exemptés, réformés, dégagés de toute obligation militaire, ayant également accompli leur service actif dans lesdites sections et possédant l'aptitude physique voulue pour remplir les fonctions attribuées aux officiers d'administration de cette catégorie.

Enfin, pourront être nommés officiers d'administration, les officiers inaptes à faire campagne par suite de blessures ou de maladies contractées au service.

Ces propositions seront adressées au Ministre (Etat-Major de l'Armée ; Section du Personnel). Elles devront comprendre :

1° La demande de l'intéressé revêtue de l'avis de ses chefs hiérarchiques ou des autorités territoriales pour les hommes dégagés de toute obligation militaire ;

2° L'état signalétique et des services ;

3° Des certificats de visite et de contre-visite ;

4° Un rapport de la gendarmerie pour les hommes dégagés de toute obligation militaire.

Il doit être entendu que ces propositions seront considérées comme exceptionnelles et établies seulement en faveur de candidats donnant toutes garanties au point de vue de l'honorabilité, de la moralité, de la conduite, et en mesure de rendre immédiatement des services dans un état-major ou un bureau de recrutement.

Interprètes militaires.

Art. 39. Aux termes des décrets des 12 novembre et 3 décembre 1914, complétés par les dispositions de l'article 6 de la loi du 10 août 1917, peuvent être nommés à titre temporaire et pour la durée de la campagne :

a) Au grade d'officier interprète de 3e classe de l'armée active, les hommes de troupe alsaciens-lorrains réintégrés en vertu de la loi du 5 août 1914 et non assujettis à un service actif en temps de paix ;

b) 1° Au grade d'officier interprète de 3e classe ou d'interprète stagiaire de complément, les hommes de troupe de la réserve et de l'armée territoriale (service armé et service auxiliaire), les exemptés ou réformés et hommes dégagés de toute obligation militaire ;

2° Au grade d'officier interprète, les officiers inaptes à faire campagne par suite de blessures ou de maladies contractées au service.

Il y aura lieu de se conformer pour l'exécution de ces dispositions aux prescriptions suivantes :

En raison des circonstances actuelles, un concours ne peut être organisé dans les conditions prévues par l'instruction du 21 mai 1910. Les candidats devront subir un examen organisé par l'autorité militaire et comprenant des épreuves écrites et orales.

Les épreuves écrites comporteront une version et un thème choisis dans des ouvrages militaires ou des règlements et traduits sans dictionnaire ni autre document.

L'épreuve orale comportera des interrogations sur la langue usuelle et sur la terminologie militaire.

Ces épreuves seront numérotées de 0 à 20.

Aux armées, lorsque les circonstances ne permettront pas d'organiser cet examen, le certificat sera remplacé par une attestation de l'autorité militaire certifiant que l'intéressé connaît à fond la langue étrangère et la terminologie militaire.

Les professeurs agrégés, licenciés ou certifiés de langues vivantes seront dispensés d'examen.

Les propositions seront adressées au Ministre, sous le timbre de l'état-major de l'armée (Section du Personnel) Elles devront comprendre, outre le certificat dont il est question ci-dessus :

1° La demande de l'intéressé revêtue de l'avis de ses chefs hiérarchiques, ou des autorités territoriales pour les hommes dégagés de toute obligation militaire ;

2° L'état signalétique et des services ;

3° Des certificats de visite et contre-visite indiquant si le candidat est apte à servir comme interprète aux armées ou à l'intérieur, ou inapte à tout emploi d'interprète ;

4° La liste certifiée des diplômes universitaires dont le candidat est possesseur ;

5° Un compte rendu de l'examen subi avec copie des notes obtenues ;

6° Un rapport de la gendarmerie pour les hommes dégagés de toute obligation militaire ;

7° Un certtificat constatant l'aptitude équestre (facultatif),

Il est bien entendu que ces propositions doivent être considérées comme *exceptionnelles* et établies seulement en faveur des candidats donnant toutes garanties à tous points de vue.

La revision, à la fin des hostilités, des nominations ainsi prononcées et leur retrait éventuel, pendant la guerre, peuvent être effectués dans les mêmes conditions et sont soumis aux mêmes formes que celles fixées pour les nominations au grade de sous-lieutenant ou assimilé par l'article 3 de ladite instruction.

Aéronautique.

Art. 40. Après un stage de quinze jours, accompli sur l'autorisation du Sous-Secrétaire d'Etat de l'aéronautique, dans un établissement spécial de l'aéronautique, pourront être nommés, à titre temporaire, au grade d'officier d'administration de 3e classe de réserve ou de territoriale, soit comme officiers d'administration comptables, soit comme officiers d'administration contrôleurs de matériel, les militaires désignés ci-après :

1° Les hommes de troupe du service auxiliaire des classes appartenant à l'armée territoriale ou à sa réserve ;

2° Les exemptés et les réformés appartenant par leur âge à l'armée territoriale ou à sa réserve ;

3° Les engagés spéciaux appartenant par leur âge à l'armée territoriale ou à sa réserve ;

4° Les hommes appartenant aux classes dégagées de toute obligation militaire, qu'ils soient dans leurs foyers ou qu'ils se trouvent sous les drapeaux comme hommes de troupe, en qualité d'engagés volontaires ou d'engagés spéciaux ;

5° Les sous-officiers inaptes à faire campagne par suite de blessure ou de maladie contractée dans le service ;

6° Les sous-lieutenants à titre temporaire et à titre définitif inaptes à faire campagne par suite de blessure ou de maladie contractée dans le service ;

7° A défaut des catégories qui précèdent, les hommes de troupe du service armé de la réserve de l'armée territoriale.

Les demandes d'admission au stage, provenant des candidats de la zone de l'intérieur, seront adressées, par ceux présents sous les drapeaux, à leur chef de corps ou de service, par les autres, au général commandant la région. Ces demandes feront ressortir, d'une manière précise, la situation militaire de l'intéressé et les professions qu'il a exercées.

Elles seront envoyées par les commandants de région au Sous-Secrétaire d'Etat de l'aéronautique (4° Bureau), qui désignera l'autorité chargée de constater l'instruction générale ou professionnelle des candidats, soit par la production des diplômes et titres universitaires de toute nature, soit par une épreuve écrite qui comportera, outre les compositions visées à l'article 2, une composition élémentaire de mécanique pour les candidats officiers d'administration contrôleurs de matériel.

L'autorité militaire qui aura été chargée de constater l'instruction générale ou professionnelle des candidats fera constituer le dossier d'admission au stage, qui comprendra, outre la demande :

L'extrait de l'acte de naissance (sur papier libre) ;

L'extrait du casier judiciaire n° 2 ;

Un certificat de visite médicale constatant que le candidat est apte à assurer physiquement, soit dans la zone des armées, soit dans la zone de l'intérieur, un service dans l'emploi qu'il sollicite ;

Une feuille de notes de leurs chefs hiérarchiques pour les candidats militaires ;

L'énumération des titres constatant les connaissances générales ou le résultat de l'examen visé ci-dessus ;

Une déclaration écrite aux termes de laquelle le candidat fera connaître qu'il n'est pas déjà en instance de nomination dans une autre arme ou service.

Les candidats de la zone des armées qui feraient l'objet de propositions, sont dispensés de tout examen préliminaire ou stage ; leurs dossiers seront établis dans les mêmes conditions que ci-dessus.

Tous les dossiers dont il s'agit seront envoyés au Sous-Secrétaire d'Etat de l'aéronautique (4° Bureau).

Les candidats admis au stage reçoivent du Sous-Secrétaire d'Etat un ordre de convocation. Ils restent pendant la durée du stage dans leur situation antérieure, sous le rapport de la solde et des diverses allocations et prestations.

Ils reçoivent, en fin de stage, de l'officier-directeur, des notes détaillées devant permettre de déterminer les affectations éventuelles à leur donner.

Les nominations à faire ne seront prononcées que si les stagiaires présentent les aptitudes nécessaires et au fur et à mesure de la constatation des besoins et de la possibilité de confier des emplois aux intéressés.

Les nominations à titre temporaire faites par application du présent article seront annulées de plein droit si l'officier d'administration ainsi nommé cesse, pour une cause quelconque, de pouvoir remplir un emploi dans le service de l'aéronautique. Le militaire dont la nomination aura été annulée reprend, de plein droit et sans qu'il y ait lieu à décision spéciale, la situation dans laquelle il se trouvait avant sa nomination à titre temporaire.

Art. 41. Des propositions pour le grade de sous-lieutenant à titre temporaire pourront être établies en faveur de candidats particulièrement méritants et appartenant au personnel navigant de l'aviation de la zone de l'intérieur.

Ces propositions ne pourront être présentées que pour des sous-officiers titulaires du brevet d'aviateur militaire.

Elles seront adressées au sous-secrétariat d'Etat de l'aéronautique, qui proposera au Ministre les nominations qu'il jugera utiles.

Les nominations seront prononcées au titre de l'arme d'origine des candidats ; pour ceux n'ayant d'autre arme d'origine que l'aéronautique, elles seront prononcées au titre de l'infanterie.

Les nominations à titre temporaire faites par application du présent article pourront être annulées si l'officier ainsi nommé cesse, pour une cause quelconque, de pouvoir remplir un emploi dans l'aéronautique.

Art. 42. La présente instruction remplace et abroge l'instruction du 28 octobre 1915.

Paul PAINLEVÉ.

Impr.-Libr. Militaire Universelle L. FOURNIER, 264, Boulev. Saint-Germain, Paris.